LEO Y VEO

LOS GIGANTES

Ilustrado por Jordi Busquets

MW01252706

LOS GIGANTES

Los  son enormes; son más grandes que una  .

A su lado, los  son tan pequeños que parecen moscas y los  apenas se ven. Se alimentan de ,  de mar,  y también  azufre.

GIGANTES ENAMORADOS

Cuando un se ,

le cuenta a su amada

como el de aquel que regaló

a su novia el y la

en unas capas bordadas en

para que pudiera admirar

el , las y la

siempre que quisiera.

EL GIGANTE PELUDO

Este  realmente es feísimo: tiene la lengua de  cuerpo cubierto de pelo  y rabo con  venenosas. Le gusta comer y las atrapa siempre que puede. Los entonces, junto con los , las rescatan y le cortan el rabo en castigo.

7

LOS CÍCLOPES

Polifemo era un  con un

solo  en medio de la frente,

que vigilaba sus  . Una

vez los Grifos, que eran mitad

 y mitad  , le

robaron el  , pero primero

le quemaron su único

con una  .

Algunos  son muy malos, molestan a los y pisan los .

TIPOS DE GIGANTES

Hay que viven en las , tiran y desechos. Suelen parar a los que llevan a los de viaje de un lado a otro. Otros dicen que viven en los , como aquel del con que se convirtió en y luego en .

EN EL HOGAR

Los  son muy hogareños: les gusta ver la  con su mujer, o invitan a las  También les gusta jugar al ajedrez con los  ... ¡como fichas! Sus hijos hacen figuras de  para jugar en la , que luego abandonan.

UNA VEZ...

...se enfermaron, tenían fiebre y les dolía la tripa. Los  volaron con sus 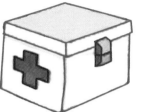 a ayudarlos. A ellos se sumaron  ,  y hadas, y los cuidaron con sus  y  mágicos. Desde entonces son todos muy amigos.

 águila

 casa

 árbol

 arena

 beber

 día

 dragón

 elixir

 enamorar

 león

 luna

 nubes

 noche

 gigante

 botiquín

 rocas

 serpiente

 sol

 botas

 ratón

brujas

 antorcha

cuento

 estrellas

 gato

 púas

 gnomas

 pócima

 piedra

 oro

 palmeras

 ojo

 gnomos

 tesoro

 troncos

 televisión

 verde